Naissance

LA NAISSANCE DE VENUS.

OPERA EN MUSIQUE,

REPRESENTÉ
PAR L'ACADEMIE ROYALE
DE MUSIQUE.

On le vend,
A PARIS,
A l'entrée de la Porte de l'Academie Royale de Musique,
Au Palais Royal, ruë Saint Honoré.
Imprimé aux dépens de ladite Academie,
Par CHRISTOPHE BALLARD, seul Imprimeur du Roy
pour la Musique.
M. DC. XCVI.

AVEC PRIVILEGE DV ROY.

ACTEURS
DU PROLOGUE.

LE TEMPS.
Les douze mois qui composent l'Année.
LES TROIS GRACES.
La Suite des Graces.

PROLOGUE.

Le Theatre represente un superbe Palais, au milieu duquel les Graces paroissent assoupies sous un Pavillon magnifique.

SCENE PREMIERE.

LE TEMPS, accompagné des douze Mois qui composent l'Année.

LE TEMPS.

Lorsque Mars renouvelle un funeste ravage
  En cent Climats divers,
  Le plus grand Roy de l'Univers
Met cet heureux séjour à couvert de l'orage.

Ce HEROS, en faveur de son illustre Cour,
  Veut que je rappelle le jour
Où Venus autrefois sortit du sein de l'onde;

ã ij

LA NAISSANCE DE VENUS.

LE TEMPS.

Vous n'avez pour charmer qu'à vous faire con-
  noître,
  La mere des Amours
  A besoin, pour paroître,
  De vostre aimable secours.

LES TROIS GRACES.

Pour le plus grand Roy de la Terre
Nous reservons tous nos attraits.
Mars le fait voir terrible dans la Guerre,
Nous le rendons aimable dans la Paix.

UNE GRACE.

  Avec un soin fidele
  Sans cesse nous suivons ses pas ;
Jusques dans ses refus on trouve des appas,
Il est de tous les Rois le plus parfait modele.

LE TEMPS.

  Tout paroît allarmé
  Quand son Tonnerre gronde ;
  Mais son bras n'est jamais armé
  Que pour donner la Paix au monde.

LES GRACES.

Celebrons les Vertus, admirons les Exploits
  Du plus puissant des Rois.

LE CHOEUR.

Celebrons les Vertus, admirons les Exploits
  Du plus puissant des Rois.

PROLOGUE.
LA JEUNESSE.

Amants qui soûpirez pour d'aimables appas,
Aimez ne vous rebutez pas :
Aprés des rigueurs inhumaines,
L'amour comblera vos desirs,
Il prendra soin de vos plaisirs,
Si vous sçavez souffrir vos peines.
Amants qui soûpirez, &c.

LA JEUNESSE & sa suite.

Suivons l'amour, nous ne sçaurions mieux faire,
Nous luy devons les plus beaux de nos jours ;
Ses nœuds charmans ont toûjours de quoy plaire,
Pour estre heureux il faut aimer toûjours.

Les Chœurs repetent.

Celebrons les Vertus, admirons les Exploits
Du plus puissant des Rois.

Tout paroît allarmé
Quand son Tonnerre gronde ;
Mais son bras n'est jamais armé
Que pour donner la paix au monde.

LE TEMPS.

Pour plaire à ce fameux Heros
On voit déja regner les Zephirs sur les Eaux ;
La Terre en devient plus brillante :
Obeïssez à ses aimables loix,
Joignez-vous à Venus, rendez-la plus charmante
Qu'elle ne parut autrefois.

FIN DU PROLOGUE.

ACTEURS
DE LA PIECE.

EPTUNE.
NEREE.
AMPHITRITE.
VENUS.
VULCAIN.
L'AMOUR.
LA JEUNESSE.
JUPITER.
JUNON.
MERCURE.
EOLE, *Roy des Vents.*
BOREE, *& les Vents qu'Eole tient sous sa puissance.*
CEPHISE, *Confidente d'Amphitrite.*
Divinitez de la Mer.
LES RIS, LES JEUX, LES GRACES, LES AMOURS, ET LES PLAISIRS.
Troupe d'Européens, d'Asiatiques, d'Affricains, & d'Americains.
Peuples de l'Isle de Cythere.
Suite de Vulcain.
Peuples de differentes Nations que l'Amour appelle pour former un Divertissement Comique.

LA NAISSANCE DE VENUS.
OPERA.

ACTE PREMIER.

Le Theatre represente un endroit agreable de l'Isle de Cypre au bord de la Mer.

SCENE PREMIERE.
NEPTUNE, NERE'E.
NEPTUNE.

APRE'S tant de cruelles peines
L'Amour termine enfin ses rigueurs in-
   humaines,
Amphitrite devient sensible à mes soupirs :
Que le passage est doux des tourmens aux plaisirs !
       Vous vous troublez.

A

LA NAISSANCE

NERE'E.

Amphitrite vous aime.

NEPTUNE.

L'Amour a fait pour moy ce miracle nouveau ;
Si sa cruauté fut extrême
Mon triomphe en devient plus beau.

Vostre amitié tendre & constante
S'interesse toûjours à mes vœux les plus doux :
J'ay formé le dessein d'une Feste galante ;
Pour la rendre éclatante
Je veux me reposer sur vous.

SCENE SECONDE.

NERE'E seul.

Quelle indigne frayeur rend mon ame interdite !
Pourquoy cacher mes feux par de lâches detours ?
Ah ! Si le Dieu des Eaux est aimé d'Amphitrite
Est-ce à Nerée à servir ses amours ?

Lors que du haut des Cieux le sort le fit descendre,
Pour me ravir l'Empire où je devois m'attendre ;
L'hymen flattoit mes feux, j'allois estre charmé,
Amphitrite à mes vœux estoit preste à se rendre,
Et nul autre que moy n'avoit droit de pretendre
A la douceur d'en estre aimé.

DE VENUS.

Mais faut-il que je garde une fatale chaîne ?
Je voy dans l'avenir mon destin rigoureux,
 Je voy l'abîme affreux
 Où mon amour m'entraîne ;
 Et je ne puis briser mes nœuds.

Amphitrite paroist.

SCENE TROISIEME.
NERE'E, AMPHITRITE.

NERE'E.

EN ce lieu solitaire
Vous n'avez pas crû me trouver,
 Vous y venez rêver.

AMPHITRITE.

Jaloux, inquiet & colere.
Vous vous plaignez incessamment.

NERE'E.

Je me plains toûjours vainement.
Je ne le voy que trop, vous fuyez la presence
 D'un Amant mal-traité ;
Vous rougissez de ma constance,
 Et de vostre infidelité.

AMPHITRITE.

Quel reproche osez-vous me faire ?

LA NAISSANCE

NERÉE.
Un autre a sceu vous plaire
Cessez de déguiser.

AMPHITRITE.
Cessez de m'accuser.
Lors que j'ay vû vos feux s'éteindre
J'ay feint de ne vous plus aimer ;
Je cherchois à vous allarmer
Pour vous engager à vous plaindre.

Non mon cœur ne s'est dégagé
Qu'aprés que vous avez changé.

NERÉE.
Cruelle, vous feignez de ne me pas connoistre ;
L'excés de mon ardeur n'a que trop sçû paroistre
Pour avoir pû si-tost changer.
Si je ne puis me dégager
Quand je voy vôtre cœur suivre une amour nouvelle,
Comment l'aurois-je fait quand vous estiez fidelle ?

AMPHITRITE.
Rendez-vous aux vœux de Doris,
Elle se livre à ses douleurs profondes,
Et cache dans les Ondes
Sa honte, & vos mépris.

NERÉE.
Quand l'amour a forcé nostre cœur à se rendre
Est-il aisé de le reprendre ?

DE VENUS.

Il m'a soûmis à vos appas ;
C'est mon sort d'en dépendre :
Et quand je voudrois m'en défendre
Malgré vostre rigueur, je ne le pourrois pas.

AMPHITRITE.

Je ne vous fais plus un mistere
D'un feu qui me paroist charmant.

NEREE.

Juste Ciel !

AMPHITRITE.

Le rival que mon cœur vous prefere
Excuse assez mon changement.

NEREE.

Puisque dans vostre cœur un autre a pris ma place,
Ingrate, apprenez donc le sort qui vous menace.

AMPHITRITE.

O Dieux !

NEREE.

Si je suis outragé
Bien-tost je me verray vangé.

Nerée entre icy dans une fureur prophetique.

Tremble, Deesse infidelle,
Tremble pour tes amours, je voy sortir des flots
Une beauté nouvelle ;
Ton amant va brûler pour elle :

Son cœur brisé des nœuds que tu trouvois si beaux:
Il te fuit, c'est en vain que ta voix le rappelle.
    Tremble, Deesse infidelle,
Je te vois succomber à l'excés de tes maux.

SCENE QUATRIEME.

AMPHITRITE seule.

Quel Oracle a-t'il fait entendre ?
  Ciel ! Que viens-je d'apprendre ?
  Que deviendray-je ? Helas !
Si Neptune s'attache à de nouveaux appas.

Mais pourquoy m'allarmer ? Ce funeste presage
Est peut-estre un effet de sa jalouse rage.
Je ne me trompe point, une secrette horreur
  Se joint au transport qui l'inspire ;
Son oracle est trop sûr, le trouble de mon cœur
M'annonce le malheur qu'il vient de me predire.

SCENE CINQUIE'ME.
NEPTUNE, AMPHITRITE.
AMPHITRITE.

Neptune vous m'aimez, & vous m'allez quitter.

NEPTUNE.
Qu'entends-je? O Ciel!

AMPHITRITE.
Vous voyez une Amante
Interdite & tremblante
Du coup affreux qu'on luy fait redouter;
Neptune vous m'aimez, & vous m'allez quitter.

NEPTUNE.
Banissez ce soupçon, que vostre trouble cesse;
Je n'ay rien fait qui vous doive allarmer,
Je vous aime belle Deesse,
Et je ne puis jamais cesser de vous aimer.

AMPHITRITE.
Nerée à qui le sort a donné la Science
De dissiper la nuit du plus sombre avenir,
Vient de me menacer que par vostre inconstance
Nos deux cœurs vont se des-unir.

NEPTUNE.
Le perfide Nerée ose troubler ma flame.

AMPHITRITE.
Malgré tous ses chagrins jaloux,
Son Oracle a frappé mon ame;
Je fais de vains efforts pour m'assurer de vous.

NEPTUNE.
Je tiens les vastes mers sous mon obeissance :
Je souleve les flots, je calme leur courroux ;
Mais sans l'amour que j'ay pour vous
Je compterois pour rien ma suprême puissance.

ENSEMBLE.
Gardons-nous de briser un lien si charmant,
Aimons-nous d'une ardeur constante ;
La grandeur la plus éclatante
Vaut-elle la douceur que l'on goûte en aimant ?

Quel bruit se fait entendre ?

On entend icy un bruit de Musique qui marque une espece de revolution dans l'Empire de Neptune.

NEPTUNE.
Mon Empire se trouble.

ENSEMBLE.
O Dieux !

NEPTUNE.

DE VENUS.
NEPTUNE.

Mercure vient, qui peut le faire icy descendre ?
Quel prodige nouveau que je ne puis comprendre !
Semble occuper & la Terre & les Cieux.

Venus arrive dans une Conche tirée par des Dauphins, ayant l'Amour & la Jeunesse à ses costez ; Les Divinitez de la Mer paroissent hors des Eaux, pour voir ce spectacle.

SCENE SIXIE'ME.
NEPTUNE, AMPHITRITE, MERCURE.

MERCURE.

LA Deesse d'amour vient de sortir de l'Onde,
Elle vient embellir le monde.

Les feux qui brillent dans les Cieux,
Les fleurs dont la Terre se pare,
Tout ce que l'Univers a de plus precieux,
A nos regards surpris n'offre rien de si rare
Que l'éclat de ses yeux.

NEPTUNE.

Je la vois, ô Ciel quelle est belle !
Ce rivage en reçoit une grace nouvelle.

NEPTUNE, MERCURE.

O Dieux ! Que de charmans appas !

B

LA NAISSANCE
NEPTUNE, AMPHITRITE.

Quel trouble me saisit, { ma surprise, / ma frayeur } est extrême.

AMPHITRITE.

Conserve moy tout ce que j'aime,
Amour ne m'abandonne pas.

Elle sort.

SCENE SEPTIE'ME.
NEPTUNE, VENUS, MERCURE, L'AMOUR, LA JEUNESSE.

MERCURE à Venus.

LE Dieu dont l'Univers adore la puissance,
Et qui tient tous les Dieux sous son obeissance,
M'a fait quitter les Cieux
Pour rendre hommage à vos beaux yeux.

NEPTUNE.

On n'a point d'hommage à vous rendre
Qui puisse égaler vos appas ;
Tout l'Univers ne suffit pas
Aux honneurs éclatans que vous devez pretendre.

VENUS.

Si pour le bien de l'Univers
Le sort m'avoit fait naistre,

DE VENUS.

Mon cœur moins incertain s'applaudiroit peut-estre,
Des honneurs qui me sont offerts.

NEPTUNE.

Paroissez sur les Ondes,
Sortez de vos grottes profondes
Divinitez des Eaux :
Rendez hommages à des traits si beaux.

SCENE HUITIEME.
VENUS, NEPTUNE, MERCURE, L'AMOUR ET LA JEUNESSE.
Les Divinitez de la Mer.

NEPTUNE.

La Deesse d'amour sort de mon vaste Empire,
Elle donne des Loix à tout ce qui respire.
Celebrez ses attraits Vainqueurs,
D'un seul de ses regards elle enchaîne les cœurs.

LE CHOEUR.

Celebrons ses attraits Vainqueurs ;
D'un seul de ses regards elle enchaîne les cœurs.

MERCURE.

Que vos attraits naissans me paroissent à craindre !
Vous enchaînez déja les plus puissans des Dieux.
Que de cœurs vont se plaindre
Du pouvoir de vos yeux !

LA NAISSANCE DE VENUS.
CHOEURS des Tritons.

Ces paroles sont d'un ancien Chœur de M. Lully.

Quelle gloire pour la Mer
D'avoir ainsi produit la merveille du monde!
Cette Divinité sortant du sein de l'Onde,
N'y laisse rien de froid, n'y laisse rien d'amer.
Quelle gloire pour la Mer!

Fin du premier Acte.

ACTE SECOND.

Le Theatre represente le Mont de Cythere, au pied duquel on voit des Bocages & des Prairies agreables.

SCENE PREMIERE.
NEPTUNE seul.

Quelle douce langueur rend mon ame interdite ?
O Ciel ! De quelle ardeur je me laisse enflamer ?
Je ne reconnois plus mon cœur pour Amphitrite ;
Un moment me suffit pour cesser de l'aimer.

Quoy, ceder sans rien entreprendre ?
Que sert la resistance ? Helas !
Contre Venus quel cœur peut se défendre ?
Qui peut éviter de se rendre
A ses charmans appas ?

SCENE SECONDE.
NEPTUNE, NEREE.
NEPTUNE.

Amphitrite n'a plus de pouvoir sur mon ame,
Je ne troubleray plus vostre amoureuse flâme.

NEREE.

Venus m'a delivré d'un rival dangereux.
Mais que me sert helas, que vous brûliez pour elle?
Je n'en seray pas plus heureux:
Amphitrite pour moy sera toûjours cruelle.
Vostre chaîne nouvelle
Ne servira qu'à redoubler ses feux.

NEPTUNE.

Ne vous rebutez point, cherchez toûjours à plaire.
La plus superbe beauté,
Contre un Amant qui persevere,
S'arme en vain de fierté.

J'ay besoin de vostre assistance :
Dans l'Empire des Eaux Venus a pris naissance.
Jupiter paroist obstiné
A me ravir ce bien que le sort m'a donné.
Mercure de sa part, vient de me faire entendre
Qu'en vain je voudrois y pretendre.

DE VENUS.
ENSEMBLE.

Unissons nos efforts contre ce Dieu jaloux,
Ne souffrons pas qu'il triomphe de nous.

SCENE TROISIEME.
AMPHITRITE, NEPTUNE, NERE'E.

AMPHITRITE à Neptune.

Quoy Nerée avec vous paroist d'intelligence ?
Ciel! Neptune fuit ma presence.

à Nerée.

Vostre Oracle fatal auroit-il réussi ?
Nerée expliquez-moy cet horrible mistere :
Parlez, vostre secours m'est icy necessaire,
Et mon cœur veut estre eclaircy.

NERE'E.

Dois-je avoir part à vostre confidence ?
Dois-je écoûter vos jalouses fureurs ?
Si Neptune vous fuit, s'il cause vos frayeurs,
C'est à Neptune à rompre le silence.

SCENE QUATRIEME.
AMPHITRITE, NEPTUNE.
AMPHITRITE.
Vous ne jettez sur moy que des regards glacez.
NEPTUNE.
Je vous aime toujours.
AMPHITRITE.
Non, vous me trahissez.
Vous cherchez en ces lieux une beauté nouvelle
Ingrat, vous me quittez pour elle.
NEPTUNE.
Je voudrois vainement cacher ma trahison ;
Mon changement n'a que trop sceu paroistre :
Je suis un infidelle, un traistre ;
Et je sens malgré vous & malgré ma raison
Que je ne puis cesser de l'estre.
AMPHITRITE.
Qu'entends-je ?
NEPTUNE.
Donnez-moy tous les noms odieux
Que vous peut inspirer une juste colere :
Je suis indigne de vous plaire,
Je ne refuse point d'en rougir à vos yeux.
AMPHITRITE.

DE VENUS.
AMPHITRITE.

Quoy vous pouvez briser une chaîne si belle ?
Pourquoy me juriez-vous de la rendre éternelle
    Si vous deviez manquer de foy ?
Quel tourment pour mon cœur ! Ah ! Quelle in-
  quietude !
Faut-il que je renonce à la douce habitude
    De vous voir sensible pour moy ?

NEPTUNE.

Plaignez-vous j'y consens ; punissez un outrage
  Qui contre moy doit vous faire éclater ;
Mon changement vous laisse un si triste avantage.

AMPHITRITE.

Ingrat.

NEPTUNE.
    Mon cœur n'a point cedé sans resister :
Pour garder mes liens j'ay mis tout en usage ;
    Mais l'Amour sans me consulter,
Avec de nouveaux traits a détruit son ouvrage.

AMPHITRITE
Estoit-ce assez de combattre un moment ?

NEPTUNE.
Je partage vostre tourment.

AMPHITRITE.
Va traistre, va revoir ton amante nouvelle ;
Fais briller à ses yeux la gloire de tes fers,

C

LA NAISSANCE

Tu comptes les momens que tu passes loin d'elle,
Ton cœur que j'avois cru si tendre & si fidelle,
Me reproche en secret les douceurs que tu perds.

SCENE CINQUIE'ME.
VENUS, NEPTUNE.
NEPTUNE.

Les soins d'une Cour qui vous aime,
N'ont rien qui puisse vous toucher.

VENUS.

Devez-vous me le reprocher ?
Le sort me laisse-t'il disposer de moy-mesme ?
Il me soûmet aux loix du Souverain des Cieux.

NEPTUNE

J'arresteray ses projets odieux.

VENUS.

Je sçay que le sort m'a fait naistre
Dans l'Empire qui suit vos loix ;
Je sçay tout ce que je vous dois,
Et mon cœur est sensible autant qu'il le peut estre.

NEPTUNE.

Non vous ne sçavez pas mes sentimens pour vous.
J'aimois, j'estois aimé de la belle Amphitrite :

DE VENUS.

Je croyois tous les Dieux de mon bonheur jaloux.
Mon ame, à vostre abord, étonnée, interdite,
Oublia son amour, & se trouva reduite
A briser des liens si doux.

VENUS.

Amphitrite est belle & charmante;
On doit à ses attraits une flâme constante.
Croyez-moy, reprenez vostre premiere ardeur;
Reconnoissez vostre bonheur extrême;
Amphitrite vous plaist, & vous avez son cœur,
On n'est pas toûjours sûr d'estre aimé quand on aime.

NEPTUNE.

Tous vos conseils sont superflus,
Mon effort seroit inutile;
Croyez-vous qu'il me soit facile
De reprendre des fers que vous avez rompus?

VENUS.

Je ne veux point troubler une flâme si belle;
Gardez vos premiers nœuds, ne les brisez jamais.
Dans une amour nouvelle,
Vostre cœur trouveroit peut-estre moins d'attraits.

NEPTUNE.

Contre tous vos appas mon cœur est sans défense;
L'amour est en vostre puissance.

C ij

LA NAISSANCE

VENUS.

De quoy vous plaignez-vous ?
Mon amour malgré moy vient assez de paroistre,
Vous avez du le connoistre
Dans mes sentimens jaloux.

NEPTUNE.

Quoy vous m'aimez, belle Deesse ?

VENUS.

Je ne sçaurois vous cacher ma tendresse.

NEPTUNE.

Quel bonheur ?

VENUS.

Jupiter est contraire à nos vœux.

NEPTUNE.

Je vaincray son effort barbare.

VENUS.

Nostre amour ne peut estre heureux,
S'il faut que le sort nous separe.

ENSEMBLE.

Gardons nos liens, aimons-nous
Malgré Jupiter en couroux.

VENUS.

Quel bruit se fait entendre ?

DE VENUS.
NEPTUNE.

Vulcain paroist, il vous cherche en ces lieux.
Pour conserver ce que j'aime le mieux
Je vais tout entreprendre.

SCENE SIXIE'ME.
VENUS, VULCAIN.
VULCAIN.

Pour rendre hommage à vos appas
J'ay quitté les climats
Où je tiens mon Empire ;
L'Astre qui ramene le jour
En vous voyant briller, se cache & se retire ;
L'amour donne des loix à tout ce qui respire,
Et vous en donnez à l'amour.

VENUS.

Si j'exerce un pouvoir suprême
Dans l'Empire amoureux,
Je goûte une douceur extrême
A rendre tout le monde heureux.

VULCAIN.

Vous me faites sentir ce pouvoir redoutable.
Ciel ! Quelle puissance m'accable ?
Je cede à des transports qui m'estoient inconnus.

LA NAISSANCE

Quel Dieu vient surmonter mon courage indomtable?
Vulcain jusqu'à ce jour n'a trouvé rien d'aimable,
Mais il n'avoit point veu la charmante Venus.

VENUS.

Si l'amour aujourd'huy vous cause des allarmes,
Je n'ay point eu dessein de luy préter des armes.

VULCAIN.

Et cependant je céde à vos divins appas.

VENUS.

L'amour peut vous blesser, mais je n'y consens pas.

VULCAIN.

Quoy vous désaprouvez le feu qui me surmonte?
Dans mon superbe cœur vos yeux l'ont allumé.

VENUS.

Je veux vous épargner la honte
D'aimer sans estre aimé.

Fuyez, fuyez une amoureuse chaîne
Si vostre cœur n'évite le danger
De s'engager,
Je prendray part à vostre peine
Sans la pouvoir soulager.

Mercure vient, quel dessein le ramene?

SCENE SEPTIE'ME.
VENUS, MERCURE.
MERCURE.

Malgré les soins divers
Que le maistre des Cieux doit à tout l'Univers,
Il ne neglige point ceux que l'on doit vous rendre,
Il ne semble occupé que de vous en ce jour,
  Pour vous former une brillante Cour,
Par son ordre en ces lieux vous me voyez descendre.

VENUS.

Je ne puis exprimer tout ce que je luy doy.

MERCURE.

Vous pouvez de ce soin vous reposer sur moy.

Que les Graces, les Ris, les Jeux & la Jeunesse,
  S'attachent sans cesse
  A suivre les pas
  De la Deesse des appas.

C'est le maistre des Dieux, c'est Iupiter luy-même,
 Qui les soûmet à son pouvoir suprême.

SCENE HUITIE'ME.
VENUS, MERCURE.
LES RIS, LES JEUX, LES GRACES,
LA JEUNESSE, LES PLAISIRS.
ET LES AMOURS.

LA JEUNESSE.

Tout cede à vos loix souveraines,
Tout se plaist dans vos douces chaînes.
Regnez, Deesse des attraits,
Regnez sur les cœurs à jamais.

Les Chœurs repetent ces quatre Vers.

UN PLAISIR.

L'amour allarme
Ceux qu'il desarme :
Mais ses faveurs
Sont pour les tendres cœurs.

Il faut vous rendre,
Que sert d'attendre ;
Vos longs detours
Ne sont d'aucun secours.

MERCURE.

Venus préte des armes
Au vainqueur des vainqueurs.
Par le pouvoir de ses charmes
L'amour triomphe des cœurs.

Les Chœurs repetent ces quatre Vers.

Fin du second Acte.

ACTE TROISIE'ME.

Le Theatre change, & represente
les Jardins, & le Palais de Venus.

SCENE PREMIERE.
NEPTUNE, MERCURE, NERE'E.

MERCURE.

Upiter vous sera contraire
Si vous ne surmontez une fatale ar-
deur :
L'Univers menacé d'un horrible mal-
heur
Attend de vous cet effort necessaire.

NEPTUNE.

Sur la Deesse des appas
Jupiter n'a rien à pretendre.
Ah! Si ce bien luy plaist, il ne l'obtiendra pas :
Les flots ne m'ont point fait ce present pour le rendre,
Et je sçauray bien le défendre.

D

MERCURE.

Ne suivez point un dangereux transport ;
Si l'on a vû sortir Venus du sein de l'Onde,
A son hymen vous aspirez à tort :
Venus est un bien que le sort
A pretendu donner au monde :
Ne suivez point un dangereux transport.

Mercure s'envole.

SCENE SECONDE.
NEPTUNE, NEREE.
NEPTUNE.

NErée annoncez ma vengeance
Aux Dieux des Eaux soûmis à mon obeïssance.

SCENE TROISIE'ME.
NEPTUNE seul.

N'Ecoutons plus que mon courroux.
Est-ce de Jupiter que Venus doit dépendre ?
Est-ce à luy d'entreprendre
De me ravir l'objet de mes vœux les plus doux ?

Ah ! si dans ce dessein le Dieu du Ciel s'engage,
J'armeray contre luy l'Ocean furieux ;

DE VENUS.

J'exciteray mes flots, j'attaqueray les Cieux,
Je causeray par tout un horrible ravage;
  Son Empire en sera troublé;
Et l'Univers entier sous mes Eaux accablé,
Servira de victime à ma jalouse rage.

Venus paroist sans estre apperceuë.

SCENE QUATRIE'ME.
VENUS, NEPTUNE.
VENUS.
Arrétez.
NEPTUNE.
  Je crains peu le Maistre des humains,
Si vous approuvez mes desseins.
VENUS.
Lors qu'au Maistre des Dieux vous declarez la Guerre,
  Tout cede à l'effort de vos coups;
L'Ocean irrité peut inonder la Terre.

Du soin de se vanger, Jupiter en courroux
  Sur son tonnerre se repose;
Je verray tout perir, & j'en seray la cause.
NEPTUNE.
Dois-je souffrir que Jupiter jaloux
  M'enleve un bien si doux?
  Hatons un bonheur plein de charmes,
  L'hymen nous prétera des armes.

Venus paroist tremblante & incertaine.

Ce projet n'a-t'il rien qui puisse vous flatter?

D ij

LA NAISSANCE VENUS.

L'amour qui pour vous m'engage
Vous en laisse t'il douter ?
Jupiter en courroux étonne mon courage,
Et ce n'est point l'hymen qui me fait hesiter.

Je sens mille peines secretes,
Je ne puis dissiper mes craintes inquietes.
Mais malgré tout mon embaras,
Et malgré Jupiter qui s'oppose à ma flâme
Je sentirois cent fois plus de trouble en mon ame,
Si vous ne m'aimiez pas.

VENUS & NEPTUNE.

Rendons éternelle
Une ardeur si fidelle.
Goûtons d'un tendre amour les charmantes douceurs.
Est-ce au Maistre des Dieux à separer nos cœurs ?

VENUS.

Preparons à l'hymen un pompeux sacrifice.

NEPTUNE.

Junon nous sera propice ;
Jupiter luy paroist charmé de vos appas.

Vulcain paroist.

VENUS.

O Ciel ! je vais suivre vos pas.

SCENE CINQUIE'ME.
VENUS, VULCAIN.
VULCAIN.

Avec trop de mepris vous rejettez l'hommage
D'un cœur penetré de vos coups,
Vous recevez des vœux qui vous semblent plus doux,
Un autre a sur moy l'avantage.

VENUS.

Vulcain doit-il estre abusé ?
Est-ce avec luy que l'on doit feindre ?
Se seroit-il payé d'un amour déguisé ?

VULCAIN

J'ay toûjours sujet de me plaindre,
Et je ne suis point fait pour estre méprisé.

Vostre sincerité m'offense :
Mes soins & mes soupirs devroient vous désarmer :
Vulcain ne sçait-il point aimer,
Pour trouver tant de resistance ?

VENUS.

Pour des attraits brillans & doux
L'amour peut aisement domter un fier courage ;
La conqueste d'un cœur qu'il veut blesser pour vous,
Luy doit bien couter d'avantage.

LA NAISSANCE

VULCAIN.

Malgré mon tendre amour, Neptune est preferé.

VENUS.

On ne dispose pas de son cœur à son gré.

VULCAIN.

Quel aveu venez-vous de faire ?
Le Dieu des Eaux a sceu vous plaire.

VENUS.

Faut-il estre étonné, si mon cœur aujourd'huy
Se declare entre vous & luy ?

VULCAIN.

Ciel ! Que viens-je d'entendre ?

VENUS.

Cet aveu doit-il vous surprendre ?
L'amour d'un doux espoir favorise nos vœux ;
Il nous promet un sort paisible,
Si je choisis entre vous deux :
J'ay des yeux, & je suis sensible.

VULCAIN.

Devez-vous m'accabler d'un rigoureux tourment
Quand je vous aime constamment ?

VENUS.

Un amant qu'on desespere
Doit se tirer d'affaire ;

DE VENUS.

Par un dépit éclatant.
Quand on aime sans esperance,
L'amour dispense
D'estre constant.

SCENE SIXIE'ME.
VULCAIN seul.

Songeons à vanger cet outrage :
Quel mépris fait-elle éclater ?
Mon amour se transforme en rage ;
Je ne veux écouter
Que les noires fureurs qui viennent m'agiter.
Vangez, Reine des Cieux, vangez cette injustice :
Ne m'avez-vous donné le jour
Que pour m'exposer au supplice
D'un malheureux amour ?

Junon descend dans son char.

SCENE SEPTIE'ME.
VULCAIN, JUNON.
JUNON.

Tu vas voir en ce jour triompher ma puissance ;
Pour calmer tes ennuis j'abandonne les Cieux,
Venus & ton Rival sentiront ma vengeance,
Avant que le Soleil se dérobe à tes yeux.

LA NAISSANCE

Est-ce à Venus à m'arracher l'hommage ?
Que l'on rendoit à ma beauté,
Dois-je souffrir avec tranquillité
Un si sensible outrage ?
Depuis qu'elle a reçeu le jour,
Mon infidele Epoux neglige nostre amour.
Va prevenir l'Hymen...

Vulcain sort.

La Haine & sa suite environnent Junon avec des flambeaux allumez qu'ils lui presentent, pour lui inspirer leur fureur.

SCENE HUITIEME.
JUNON seule.

DE ma haine funeste,
Preparons-luy les premiers coups.
Je veux qu'elle prenne un Epoux,
Qu'elle abhorre & qu'elle déteste.

Junon remonte dans le Ciel.

SCENE NEUVIE'ME.
NEPTUNE, VENUS.
VENUS.

Calmez un courroux dangereux :
NEPTUNE.
Ah ! si tout s'oppose à nos feux ;
Il faut que tout perisse, & que ma fureur vole,
Dans l'Empire d'Eole,
Pour déchaîner les vents impetueux :
Dans ma fureur extrême ;
Forçons Jupiter même,
A répondre à mes veux :
Je quitte à regret ce que j'aime ;
Mais que ne fait-on point pour devenir heureux ?

SCENE DIXIE'ME.
VENUS seule.

Que je payeray cher les transports que Neptune,
Fait éclater en ma faveur !
Le Souverain des Dieux s'oppose à son bon-heur :
Les mortels vont bien-tost d'une plainte commune,
De leurs communs malheurs déplorer la grandeur :
Je verrai l'Univers plein de trouble & d'horreur,

Accuser de son infortune,
L'Amour qui regne dans mon cœur:
Que je payeray cher les transports que Neptune
Fait éclater en ma faveur !

SCENE ONZIE'ME.
VENUS, L'AMOUR.
L'AMOUR.

Je viens d'apprendre à tout le Monde,
Que les destins en ce grand jour,
Ont fait sortir du sein de l'Onde,
La Déesse d'Amour :
Vous allez voir paroître,
Mille peuples divers ;
Que j'assemble en ces lieux du bout de l'Univers ;
Ils m'ont reconnu pour leur maistre :
Mais ils ont appris par ma voix,
Que je suis soumis à vos loix.

DE VENUS.

SCENE DOUZIE'ME.
VENUS, L'AMOUR.
Les Persans, les Affricains, les Americains, les Europeens ; Suite de ces quatre Nations.

L'AMOUR.
Venus va triompher des hommes & des Dieux ;
Admirons son pouvoir, celebrons sa victoire :
L'Amour se voit comblé de gloire,
Par ses appas victorieux.

Le Chœur repete ces quatre Vers.

UN EUROPEEN.
Aimez à vôtre tour,
Fiere Sagesse ;
Que sert un vain détour ?
Quand l'Amour presse.

LE CHOEUR.
Aimez, &c.

L'EUROPEEN.
Ce Dieu trouble la paix,
D'un cœur tranquile :
Il n'est contre ses traits,
Aucun azile.

LE CHOEUR.
Aimez, &c.

E ij

LA NAISSANCE DE VENUS.

L'EUROPEEN.

Offrez-luy vos soupirs,
Gardez ses chaines ;
Pour gouter ses plaisirs,
Aimez ses peines.

LE CHOEUR.

Aimez, &c.

VENUS.

Paisibles lieux témoins de mes langueurs,
Si vous voulez m'offrir de charmantes douceurs,
Offrez-moy l'objet qui m'enflâme :
Tout m'en parle icy ; mais helas !
C'est pour rappeller dans mon ame,
La douleur de ne le voir pas.

Fin du troisiéme Acte.

ACTE IV.

Le Theatre change & represente la caverne, où sont enfermez les Vents qu'Eole tient sous sa puissance : les Vents paroissent enchaînez aux deux cotez du Theatre.

SCENE PREMIERE.

BORE'E & les autres Vents.

BORE'E.

EOLE en ce sejour affreux,
Tient enfermez les Vents impetueux;
Il rend leur fureur impuissante,
Sous la masse pesante,
Des monts qu'il entasse sur eux.

ENSEMBLE.

Ah! quelle rigueur inhumaine;
Quand pourons-nous briser une si dure chaine?

LA NAISSANCE

BORÉE.

Tous nos efforts sont superflus :
Suis-je Borée ? ô Ciel ! je ne me connois plus ;
Si-tost que je me vois échapé de ma chaîne,
Je remplis l'Univers d'effroy :
Je ravage & j'entraisne
Tout ce qui s'offre devant moy.

Je suis plus craint que le Tonnerre ;
Tout cede à la fureur de mes emportements :
Je souléve les flots, je désole la Terre,
Et j'ébransle ses fondemens.

Mais helas ! à ma vaine rage,
Cet antre affreux ne laisse aucun passage ;
Pour sortir de ces lieux voisins du noir sejour ;
Il n'est pour nous aucun détour :

ENSEMBLE.

Ah ! quelle rigueur inhumaine !
Quand pourrons-nous briser une si dure chaîne ?

BORÉE.

Echappons-nous, que ces Monts entassez
Soient par nos efforts renversez.

ENSEMBLE.

Echappons-nous, que ces Monts entassez
Soient par nos efforts entassez.

SCENE SECONDE.
EOLE, BORE'E & LES VENTS.
EOLE.

Quel desordre! O Ciel! Quel ravage?
Arrétez, c'est à moy d'appaiser vostre rage,
Obeïssez Vents mutinez:
BORE'E.
Demeurez enchaînez.
Pretendez-vous sans cesse nous contraindre?
Dans cet affreux séjour,
Ne verrons-nous jamais la lumiere du jour?
EOLE.
Les mortels auroient trop à craindre,
Si l'obstacle fatal qui vous force à vous plaindre,
N'arrétoit vostre cruauté.

C'est de vostre esclavage
Que dépend leur felicité:
Vous faites de la liberté
Un trop mauvais usage.

On entend icy un bruit harmonieux.
EOLE & BORE'E.
Quel son harmonieux se répand dans les Airs?
Quel bruit vient nous surprendre?
Est-ce le Dieu qu'adore l'Univers
Qui doit icy descendre?

LA NAISSANCE
EOLE.
Ce bruit, ces concerts si nouveaux,
Nous annoncent le Dieu des Eaux.
BORE'E & LES VENTS.
Nous allons sortir d'esclavage ;
Neptune vient dans cet Antre écarté,
Déchainer nôtre rage :
Nous allons estre en liberté.

SCENE TROISIE'ME.
NEPTUNE, EOLE, BORE'E,
& les autres Vents.
EOLE.
Pour plaire au Dieu des flots, que faut-il entreprendre ;
Nous sommes prêts à le défendre,
Contre ses plus fiers Ennemis :
A ses commandemens, tous les vents sont soumis.
NEPTUNE.
Venus vient de sortir du vaste sein de l'Onde :
Elle plaist au Maistre du monde ;
Mais elle plaist encor plus à mes yeux :
Il pretend malgré-moy la placer dans les Cieux ;
Contre une injuste violence,
Eole j'ay besoin de toute ma puissance ;
C'est à toy seul que j'ay recours,
Préte-moy ton secours.

EOLE.

DE VENUS.
EOLE.

Les Vents prennent pour vous une fureur nouvelle,
  Quand on oze vous irriter ;
 Dés que vôtre voix les appelle,
  Je ne puis les arréter.

NEPTUNE.

Rapellez en ces lieux les Vents les plus paisibles,
  Déchainez les plus terribles ;
  Que par leur courroux furieux,
L'Ocean irrité s'éleve jusqu'aux Cieux :

Qu'à l'Univers entier il déclare la guerre ;
  Que ses flots innondent la terre,
Et qu'ils fassent trembler les hommes & les Dieux.

         Neptune sort.

EOLE.

Sortez Vents furieux de vos grottes profondes ;
  Obeïssez au Dieu des Ondes.

LA NAISSANCE DE VENUS.

SCENE QUATRIÉME.

EOLE, les Vents qui estoient sur le Theatre, & ceux qui sortent de leurs cachots.

EOLE.

Excitez vôtre affreux courroux,
Contre ses ennemis jaloux.

LES VENTS.

Excitons nôtre affreux courroux,
Contre ses ennemis jaloux.

Les Vents excitent leur courroux par leurs danses.

EOLE.

Partez, volez, suivez vôtre fatale rage ;
Repondez au dessein où vous vous engagez,
Et montrez par vôtre ravage ;
Quel est le Dieu que vous vangez.

Les Vents s'envolent

Fin du quatriéme Acte.

ACTE V.

Le Theatre change & represente le bord de la Mer, & le Temple de l'Hymen.

SCENE PREMIE'RE.

NEPTUNE seul.

LES flots n'attendent plus que mes com-
 mandements,
  Pour confondre les Elements ;
Avant que d'immoler le monde à ma co-
lere :
 Cherchons la Reyne de Cythere ;
Evitons Amphitrite,

Neptune sort.
F ij

SCENE SECONDE.
AMPHITRITE, CEPHISE.

AMPHITRITE.

IL suit d'autres appas :
Mal-heureuse, pourquoi, m'attacher à ses pas ?

Qu'il est aisé de faire un infidelle,
Quand on laisse voir trop d'amour ?
Ay-je dû soupçonner qu'un jour,
Il trahiroit une flâme si belle :
L'Ingrat m'avoit promis de la rendre éternelle ;
Mon cœur y répondoit sans user de détour :
Qu'il est aisé de faire un infidelle
Quand on laisse voir trop d'amour ?

CEPHISE.
Un cœur leger fuit quand on le rappelle ;
C'est l'éloigner que de le ménager :
Pour le rendre fidelle,
Il faut le négliger :
Un cœur leger fuit quand on le rappelle.

Ne perdez point un doux espoir,
Contre le Dieu des Eaux, Jupiter se déclare,
Au gré de vos souhaits tout le Ciel se prepare,
A faire éclater son pouvoir.

DE VENUS.

L'Hymen pour ces Amants paroît inexorable.

AMPHITRITE.

Pour nous le rendre favorable,
Allons implorer son secours.

SCENE TROISIE'ME.
NERE'E, AMPHITRITE, CEPHISE.

NERE'E,

INhumaine arrêtez, me fuirez-vous toûjours ?
Mes soins, ma langueur, ma constance,
Ne borneront-ils point le cours
De vôtre injuste resistance ?

AMPHITRITE.

J'ay connu mes mal-heurs par ton barbare soin:
Falloit-il à mes yeux les offrir de si loin ?

NERE'E.

Je croyois sauver vôtre gloire,
Du tort que mon Rival a fait à vos attraits.

AMPHITRITE

Il me restoit encor quelques moments à croire,
Que son amour pour moy ne changeroit jamais.
Pourquoy me dérober ces moments pleins de charmes?
Pourquoy dans l'avenir me montrer mon mal-heur?

LA NAISSANCE

J'aurois encor joüy d'une si douce erreur ;
Si tu n'avois avancé mes allarmes.

NERE'E.

J'ay voulu vainement, contre un rival heureux,
Vous inspirer un dépit genereux,
J'esperois voir finir vôtre rigueur extréme,
En vous faisant prévoir ses volages amours ;
Pour être aimé de ce qu'on aime,
A quoi n'a-t'on pas recours ?

AMPHITRITE.

Crois-tu pouvoir changer mon ame,
Par les feux importuns dont tu brûles pour moy ?
Quand je brûle à mon tour d'une fatale flâme,
Qui me rend mille fois plus à plaindre que toy ?

NERE'E.

Ah ! que me faites-vous entendre !
Mal-heureux, ay-je dû m'attendre,
Que mes feux vous pourroient un jour importuner !
C'est vous qui les avez fait naître,
Au gré de vos desirs vous les avez vû croître :
Est-ce à vous à les condamner ?

AMPHITRITE.

Guery-toy, n'aigris point mon désespoir horrible,
Mon cœur ne suffit pas à mes vives douleurs ;
Peux-tu croire qu'à tes mal-heurs,
Il puisse encor être sensible ?

DE VENUS.
NERÉE.

Est-ce ainsi que vous partagez
Les malheurs où vous m'engagez ?

Vous avez approuvé l'ardeur qui me dévore ;
Vous ne vouliez jamais voir éteindre mes feux ;
Vous voulez aujourd'huy que je change de vœux ;
J'ay trop bien obey pour obeïr encore.

AMPHITRITE.

Laisse-moy m'occuper des biens que j'ay perdus.
Va, cesse de m'offrir des soupirs superflus.

SCENE QUATRIE'ME.
NERÉE seul.

Aprés tous ses mépris. Ah ! faut-il que je l'aime ?
Mon amour me doit rendre odieux à moy-
 mesme :
Quittons-la pour jamais ; mon cœur n'y consent pas.
Quand je veux m'arracher à sa rigueur extrême
Il m'oppose toûjours ses dangereux appas.

Conservons l'esperance ;
Il faut du Dieu des Eaux seconder la vengeance :
Si son triomphe est assuré
Mon sort n'est pas désesperé.

SCENE CINQUIE'ME.
NEPTUNE, VENUS, NERE'E.
NEPTUNE.

D'Un sort mal éclaircy pénétrons le mistere.

VENUS.
Ciel! le Temple se ferme, & tout nous est contraire.

Le Temple se ferme.

Que vois-je ? O Dieux !

NERE'E.
C'est la Reine des Cieux.

SCENE SIXIE'ME.
NEPTUNE, JUNON, VENUS, NER'EE, AMPHITRITE.
JUNON.

Venus, c'est vainement que ton ame obstinée
S'attend de voir icy couronner ton amour.
Tu vas connoître avant la fin du jour,
Que je préside à l'hymenée.

Junon s'envole.

NEPTUNE à Venus.
Il est temps d'éclater, demeurez en ces lieux
Vous me verrez bien-tôt victorieux.

SCENE

SCENE SEPTIE'ME.
VENUS, AMPHITRITE.

VENUS, *sans appercevoir Amphitrite.*

JE perds pour jamais ce que j'aime ;
Jupiter a pour luy tout le pouvoir suprême.

AMPHITRITE.

Dans quel affreux danger
Le Dieu des Eaux va s'engager.

Les Ondes de la Mer s'élevent.

ENSEMBLE.

O Ciel ! quel funeste ravage ?
Les flots impetueux surmontent le rivage.

SCENE HUITIE'ME.
AMPHITRITE, VENUS, NEPTUNE, NERE'E, LES TRITONS, VULCAIN.

NERE'E, NEPTUNE.

Soûlevez-vous, flots furieux ;
Attaquez la Terre & les Cieux.

VULCAIN.

Maistre de l'Univers, armez-vous du Tonnerre
Secourez le Ciel & la Terre.

On entend icy un bruit du Tonnerre.
Jupiter lance la foudre, & l'air paroist tout en feu.

Calmez vôtre courroux, puissant maistre des Dieux.
VENUS.
Jupiter arrétez la foudre,
Vous allez tout réduire en poudre.
NEPTUNE & NEREE.
Soûlevez-vous flots furieux,
Attaquez la Terre & les Cieux.
VENUS.
Dieu de la Mer faites rentrer les Ondes
Dans leurs grottes profondes :
Je ne puis soûtenir des malheurs si cruels :
Je renonce à mes feux pour le bien des mortels.
NEPTUNE.
Vous me quittez inhumaine Deesse ;
Aviez-vous reservé ce prix à ma tendresse ?
VENUS.
Je vous perds à regret, j'en atteste les Dieux !
Pour l'interest commun mon cœur se sacrifie,
Si j'en pouvois perdre la vie
Mon amour me feroit expirer à vos yeux.

SCENE NEUVIE'ME.

NEPTUNE, VENUS, AMPHITRITE, VULCAIN, NERE'E, JUPITER dans la gloire, avec toute la Cour Celeste.

JUPITER.

Pour donner la paix à la Terre,
Les Dieux sont obligez de vaincre leur courroux.
Tout l'Univers alloit expirer sous nos coups,
Si Venus n'eust finy cette fatalle guerre.
  Pour ne point faire de jaloux,
Le sort veut que Vulcain devienne son époux :
 Que Neptune pour Amphitrite,
 Forme de nouveaux nœuds ;
Que Nerée à Doris adresse enfin ses vœux.
  Amour, tout vous invite
 A rendre ces Amants heureux.

L'AMOUR.

Les plus grands Dieux du Ciel, de la Terre & de l'Onde,
Sont soumis par le sort au pouvoir de mes traits ;
 Je cause, au gré de mes souhaits,
 Tout le bien & le mal du monde :
Sans contraindre vos cœurs, je puis changer vos vœux ;
Et je sçay faire aimer les feux que je fais naître ;
Avec de nouveaux traits je veux vous rendre heureux :

LA NAISSANCE DE VENUS.

Vous ne le pouvez être,
Qu'en formant d'autres nœuds.

JUPITER.

Que le sombre chagrin soit banny de la Terre ;
Que tout ressente ici les douceurs de la Paix :
Aprés les fureurs de la Guerre,
Qu'il est doux de gouter un repos plein d'attraits !

SCENE DIXIEME.

Les Acteurs de la Scene precedente, les Peuples de Cythere, suite de Neptune, suite de Venus, suite de Vulcain.

Chœurs des Peuples de Cythere, & de la suite de Vulcain.

Jouïssons d'une Paix profonde ;
Le puissant Dieu de l'Onde,
A calmé son trasport jaloux :
Le Souverain du monde,
A retenu les coups
Du Tonnerre en courroux :
Jouïssons d'une Paix profonde.

L'AMOUR.

Vous qui pour vous soûmetre à mon doux esclavage
De l'austere raison abandonnez l'usage ;
Accourez, venez faire voir
Que je puis adoucir le cœur le plus sauvage,
Et que je trouble le plus sage
Quand je veux faire éclater mon pouvoir.

SCENE ONZIE'ME.

Les Acteurs de la Scene précédente, divers peuples que l'Amour appelle viennent former une danse comique.

FIN DU CINQUIEME ET DERNIER ACTE.

www.ingramcontent.com/pod-product-compliance
Lightning Source LLC
LaVergne TN
LVHW022144080426
835511LV00008B/1250